# 호기심 소녀의 어쩌다 세계 축제 여행

※ **일러두기** 이 책에 나오는 일화는 사실을 바탕으로 각색한 허구의 이야기입니다.

# 호기심 소녀의 어쩌다 세계 축제 여행

**초판 1쇄 발행** 2023년 1월 25일
**초판 3쇄 발행** 2024년 12월 19일

**글** 박현숙
**그림** 김병하

**펴낸곳** 도서출판 개암나무(주)
**펴낸이** 김보경
**경영관리 총괄** 김수현　**경영관리** 배정은 조영재
**편집** 조원선 김소희 오은정 이혜인　**디자인** 이은주　**마케팅** 이기성
**출판등록** 2006년 6월 16일 제22-2944호

**주소** 서울특별시 용산구 한남대로40길 19, 4층(한남동, JD빌딩) (우)04417
**전화** (02)6254-0601, 6207-0603　**팩스** (02)6254-0602　**E-mail** gaeam@gaeamnamu.co.kr
**개암나무 블로그** http://blog.naver.com/gaeamnamu　**개암나무 카페** http://cafe.naver.com/gaeam

ⓒ 박현숙, 김병하, 2023
이 책의 저작권은 저자에게 있습니다. 저자와 출판사의 허락 없이 내용의 일부를 인용하거나 발췌하는 것을 금합니다.

ISBN 978-89-6830-750-8 73380

| KC | **품명** 아동 도서 ┃ **제조년월** 2024년 12월 19일 ┃ **사용연령** 8세 이상 |
|---|---|
| | **제조자명** 개암나무(주) ┃ **제조국명** 대한민국 ┃ **전화번호** 02-6254-0601 |
| | **주소** 서울특별시 용산구 한남대로40길 19, 4층(한남동, JD빌딩) |

# 호기심 소녀의
# 어쩌다 세계 축제 여행

박현숙 글  김병하 그림

개암나무

하늘이 파랗고 높았다. 그네뛰기를 하기에 딱 좋은 날씨였다.
가시는 이화 학당 친구 서너 명과 함께 그네를 뛰러 가려고
학당을 나섰다.
"가시야."
그네 뛰는 곳에 도착했을 때, 저만큼에서 가연이와 조중이가
손을 흔들며 달려왔다. 가시도 둘을 향해 뛰어갔다.
오랜만에 만난 가시와 가연이는 서로 얼싸안았다.
가시는 이화 학당에 다니면서 오서현 선생님 집에서 지내고 있다.
오서현 선생님과 함께 지내면 더 많이 배울 수 있을 것 같았기
때문이었다.

아버지는 학당에 들어가는 것도, 집을 떠나는 것도 반대했다.
하지만 가시는 포기하지 않고 아버지를 설득해 허락을 받아 냈다.
가시는 어렵게 공부할 기회를 잡았으니 최선을 다하고 싶었다.
"요즘은 어떻게 지내?"
가시가 가연이에게 물었다.
"글공부도 열심히 하고 내가 좋아하는 그림도 그려.
아버지도 이제 억지로 시집가라는 말씀은
안 하시고. 나도 어쩌면 이화 학당에
들어갈지도 몰라."
가연이가 환하게 웃었다.
"아주 건강해 보입니다."
조중이가 가시 머리끝부터 발끝까지
훑어보며 말했다.

"당연하지. 매일 체조와
운동을 하거든. 오늘
그네뛰기에서도
내가 제일 높이 올라갈 거다."
가시는 자신만만하게 말했다.

"저는 오늘 씨름을 합니다. 단오 장사가 되어 황소를 받을 테니 기대하십시오."

조중이는 씨름 대회가 열리는 곳으로 갔다.

"와, 가시야. 너 잘하면 하늘을 뚫고 나가겠다."

가시가 그네 타는 걸 보고 가연이가 감탄했다.

가시는 다른 사람들보다 훨씬 더 높이 올라갔다.

가시만 그런 게 아니었다. 이화 학당 친구들은 다들 그네를 잘 뛰었다. 날마다 운동을 해서인지 남달랐다.

"어, 저기에서 씨름을 하는구나."

그네를 타고 높이 올라간 가시의 눈에 씨름을 하고 있는 사람들이 보였다.

가시와 이화 학당 친구들, 가연이는 씨름이 열리는 곳으로 달려갔다. 마침 조중이의 차례였다.

조중이는 자신보다 덩치가 두 배는 큰 사람과 맞서고 있었다.

상대의 샅바를 꽉 움켜잡은 조중이는 나무에 붙은 매미 같았다.

금방이라도 쓰러질 것처럼 위태로웠지만, 조중이는 쉽게 넘어가지 않았다.

"조중아. 힘내."

가시와 가연이는 손을 마주 잡고 조중이를

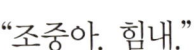

응원했다.

"으라차차!"

상대의 힘찬 외침과 함께 조중이가 옆으로 넘어지고 말았다.

"아!"

씨름을 구경하던 사람들이 약속이나 한 듯 안타까워했다.

"그 정도도 엄청나게 잘한 거야. 더 힘을 키워서 내년 단오에는 꼭 황소를 타라."

가시는 조중이를 위로했다.

가시와 가연이는 수리취떡도 얻어먹고 창포물에 머리도 감았다.
창포물에 머리를 감자 머릿결이 한층 더 매끄러워졌다.

학당으로 돌아온 가시는 곧장 오서현 선생님 방으로 갔다.
"재미있게 놀다 왔니?"
책을 읽고 있던 오서현 선생님이 물었다.
"예. 정말 재미있었어요. 그런데 선생님, 다른 나라에도
우리나라의 단오 같은 특별한 날이 있나요?"
"당연하지. 나라마다 문화와 풍습에 따라 특색 있는 축제가
열린단다. 아, 가시 너에게 보여 줄 게 있다."
오서현 선생님은 책장 아래 서랍에서 한지로 싼 뭔가를 꺼내
책상 위에 올려놓았다. 작은 리본이 달린 가죽 구두였다.
"내가 미국에서 공부할 때 길거리에서 산 구두란다.
어스름한 저녁에 거리에 나갔는데 허리가 구부정한 할머니가
노란 스카프를 하고 구두를 팔고 있었지. 그 할머니 말에 의하면
이 구두는 세상에 딱 일곱 켤레가 존재하는데, 나를 마지막으로
일곱 켤레가 다 팔렸다고 했단다. 그날 옆에서 빨간 구두를 산
사람과 친구가 되기도 했어. 안타깝게도 조선에 돌아오면서
연락이 끊겼지. 나는 이 구두를 신고 신비한 경험을 많이 했단다.
너도 이 구두를 신으면 나처럼 신비한 경험을 할 수 있을 거야.

오늘부터 가시, 네 구두다."

"이 귀한 구두를 저한테 주신다고요?"

가시는 두 눈을 동그랗게 떴다. 오서현 선생님이 미소를 머금고 고개를 끄덕였다.

가시는 구두를 품에 안았다. 이 구두가 회오리바람처럼 자신을 생각지도 못한 곳으로 안내할 것 같은 느낌이 들었다.

그때였다. 노크 소리가 들리더니 살며시 문이 열렸다.

"선생님."

방 안으로 들어선 아이는 영서였다.

"제가 공부할 게 있어서 아까 그네 뛰러 나가지 못했어요. 지금이라도 다녀오면 안 될까요?"

"그래, 다녀오도록 해라."

오서현 선생님이 허락했다.

"가시야. 같이 가자."

오서현 선생님 방에서 나오며 영서가 말했다.

가시는 가죽 구두를 신고 그네를 뛰어 보고 싶었다. 그러면 뭔가 신비한 일이 일어날 거 같았다.

가시는 얼른 가죽 구두를 신었다. 구두는 가시 발에 딱 맞았다.

가시와 영서는 그네 뛰는 곳으로 향했다.

해 질 무렵이라 사람들은 대부분 집에 돌아가고

몇몇만 남아 있었다.

가시는 그네에 올라섰다. 그리고 힘차게 발을 굴렀다.

가죽 구두를 신어서인지 발이 한층 더 가뿐했다.

마치 한 마리의 새가 된 듯 가시는 창공을 차고 올라갔다.

'광대처럼 묘기를 부려 볼까?'

가시는 색다르게 그네를 타고 싶었다.

"그네에 한번 앉아 보자."

하나 둘 셋! 가시가 잽싸게 그네에 앉는 순간이었다.

가죽 구두 한 짝이 훌러덩 벗겨져 나갔다.

가시는 얼른 그네에서 내려와 구두를 주우러 갔다.

가죽 구두 앞에는 웬 아이가 서 있었다.

얼굴이 새하얗고 코가 유독 뾰족했다. 아이는 빨간 구두를 신고 있었다.

"와, 예쁘다."

가시는 뭔가에 홀린 듯 반들반들 빛이 나는 빨간 구두를 바라봤다.

"신어 볼래?"

아이가 빨간 구두 한 짝을 벗어 가시에게 내밀었다.

가시는 조심스럽게 빨간 구두 안으로 발을 넣었다.

"와, 딱 맞다."

가시가 감탄하는 순간이었다.

그 아이가 가시의 가죽 구두를 냉큼 신고는 쌩하니 내달렸다.
"아, 안 돼!"
가시는 아이를 따라 달렸다.
그때 갑자기 안개가 밀려들었다. 아이는 안개 속으로 사라졌다.
"으악."
가시도 안개 속으로 딸려 들어갔다.

"여기가 어디지?"

가시는 안개 속에서 겨우 빠져나왔다.

가시는 두리번거리다 깜짝 놀랐다. 괴상망측한 얼굴의 사람들이 거리를 가득 메우고 있었다.

"귀, 귀신?"

가시는 심장이 뚝 떨어질 만큼 충격을 받았다.

웬 아이가 가시에게 다가왔다.
"오호. 옷이 독특하네. 너도 베네치아 카니발을 즐기려고
 온 모양이구나? 자, 이걸 써. 특이한 복장에는 특이한
 가면이 딱 맞지."
 아이가 빨간색과 파란색 깃털이 달린 가면을 내밀었다.
 그리고 파란색 천을 가시 어깨에 걸쳐 주었다.
 조선의 여자들이 입는 장옷˙ 같았다.
"여기가 어디야? 그리고 사람들이 왜 이런 걸 쓰고
 있니? 옷도 이상해."
 "여기가 어딘지 모르고 왔니? 여기는
 이탈리아의 베네치아야. 지금은
 베네치아 카니발 기간이고. 그런데 너 어디서
 온 거야? 카니발을 즐기려고 온 관광객
 아니었니?"
 아이가 물었다. 관광객은 또 뭐람.
가시는 선뜻 대답하지
못하고 서 있기만 했다.

**장옷** 예전에 여자들이 나들이할 때 얼굴을 가리느라고 머리에서부터 길게 내려 쓰던 옷. 두루마기와 비슷하다.

"아, 지금 그게 중요하진 않지.
카니발을 즐기는 게 먼저지.
산 마르코 광장으로 가자.
거기에서 큰 축제가 열리거든.
나는 축제 기간에 관광객을
안내하는 일을 돕고 있어.
나는 너처럼 얼떨떨한 얼굴의 관광객을
좋아해. 왜냐하면 그런 사람들이 훨씬 더
신기해하고 재미있어하거든."
아이가 가시 손을 잡아끌었다.
가시는 사람들 행렬을 따라 걸었다.
색색의 가면을 쓰고 특별한
옷을 입은 사람들이 왁자지껄
떠들며 걸었다.
"그런데 베네치아 카니발이 뭐야?"
가시는 행렬을 따라가며 아이에게
물었다.
"사순절˚ 전에 열흘 정도 열리는 축제야.

**사순절** 기독교에서 부활 주일 전 40일 동안의 기간을 말한다.

축제 기간에는 가면을 써서 '베네치아 카니발'이라고도 불러. 가면이 정말 화려하지? 이 축제를 구경하려고 세계에서 엄청나게 많은 사람이 몰려와."

"그럼 나 같은 조선 사람도 와?"

"조선 사람? 그건 잘 모르겠지만, 머나먼 아시아에서도 관광객이 무척 많이 와. 원래는 몇백 년 전부터 시작된 축제인데, 한동안 멈췄었어. 그러다 1979년에 다시 열렸어. 지금은 아주 유명한 축제가 되었지."

가시는 말을 하는 아이 입을 멍하니 바라봤다. 가시는 적어도 100년이 넘는 시간을 건너온 걸 깨달았다. 지난번 회오리바람에 휩쓸렸을 때도 그랬었다.

가시는 구두를 바라봤다. 한쪽은 까만 가죽 구두였고 한쪽은 빨간 구두였다.

가시는 오서현 선생님이 가죽 구두를 주면서 했던 말을 떠올렸다.

'오서현 선생님도 이 가죽 구두를 신고 신비한 경험을 했다고 했어. 나도 그런 거야. 그나저나 내 구두 한 짝을 훔쳐 신고 간 아이는 어디서 찾지?'

가시는 걸으면서도 잃어버린 가죽 구두 때문에 머릿속이 복잡했다.

"우아."

골목을 벗어나서 가시는 탄성을 질렀다. 옆으로 물길이 이어졌다. 가시가 그동안 보던 시냇물이 아니었다. 건물 사이사이로 물길이 계속되었다. 중간중간에 다리도 많았다. 작은 배들도 무수히 떠다녔다. 가면을 쓰고 특이한 옷을 입은 사람들이 서너 명씩 배에 타 노를 젓고 있었다.

축제를 즐기는 사람들의 웃는 얼굴이 가면 밖으로도 보이는 것 같았다.

"멋지다."

가시는 감탄했다.

"베네치아는 물의 도시야. 여기저기 흩어진 섬들이 수백 개의 다리로 이어져 있지. 멋지고 아름답지?
이곳에서 훌륭한 예술가도 많이 탄생했어. 아주 유명한 음악가도 꽤 있지."
아이가 자랑스럽게 말했다.
얼마쯤 걷자 웅장한 건물이 나왔다. 지붕 끝이 뾰족뾰족한 건물 앞은 널따란 광장이었다. 광장에는 음악 소리가 울려 퍼졌고 화려한 옷과 가면을 착용한 사람들이 가득했다.

'쾅쾅 쾅쾅!'

요란한 북소리와 함께 음악 소리가 한층 더 커졌다.

색색의 옷으로 차려입고 가면을 쓴 사람들이 퍼레이드를 시작했다.

동물 모습의 옷을 입은 사람들도 있었다.

가시는 처음 보는 광경에 넋을 잃었다.

"곧 정오가 되면 천사의 비행이 있을 거야. 천사가 하늘에서 내려오는 모습을 보여 주는 행사야. 나도 재작년에 천사를 했었어."

"대단하다. 천사라는 건 어떻게 되는 거야?"

"해마다 열두 명의 마리아를 뽑아. 그중에 한 명이 다음 해에 열리는 천사의 비행 축제에서 천사가 되지."

아이가 가시 귀에 대고 속삭였다.

그때 광장에 종소리가 울렸다.

'땡!'

열두 번째 종이 울리는 순간이었다.

높은 종탑에서 새하얀 드레스를 입고 커다란 날개를 단 사람이 내려오기 시작했다.

"와!"

사람들이 환호했다. 찬란한 햇빛을 등에 진 소녀는 반짝이와 색색의 종잇조각을 뿌리며 사람들에게 인사했다.

"이따가 가면 경연 대회도 열릴 거야. 네가 쓰고 있는 그 가면은 내가 특별히 신경 써서 만든 거야. 이번 경연 대회에서 아마 일 등 할걸?"
아이가 가시에게 말했다. 가시는 쓰고 있는 가면을 벗어 자세히 봤다. 깃털뿐 아니라 반짝이는 보석도 박혀 있었다. 이마 부분에는 나비 문양도 있었다.
"가면 경연 대회에 나가서 일 등 하면 너에게는 엄청난 추억이 될 거야. 베네치아 카니발에서의 잊을 수 없는 추억."
아이가 가시 손을 꼭 잡았다. 그때 천사가 가볍게 바닥에 내려섰다.
'어쩜 저렇게 사뿐사뿐 내려설 수 있을까?'
가시는 감탄하며 하늘에서 내려올 때 기분이 어땠는지 물어보려고 아이를 바라봤다.
그때 앞에 서 있던 사람이 뭔가를 떨어뜨렸다. 가시는 물건을 집으려고 몸을 숙였다. 순간 가슴이 쿵 내려앉았다.
가시를 안내해 주던 아이가 신은 구두가 낯익었다.
"이건……!"
가시는 자신이 신고 있는 가죽 구두 한 짝을 바라봤다. 아이가 신은 구두와 똑같았다.
"너 이 구두 어디서 났니?"
가시가 몸을 일으키며 아이에게 물은 순간이었다. 가면을 쓴 수많은 사람 사이로 안개가 밀려들었다.

"아아아아악."
가시는 안개에 휩쓸렸다.

안개가 걷히고 나서야 가시는 눈을 뜰 수 있었다. 가시 코끝으로
향냄새가 밀려들었다.
가시는 천천히 눈을 떴다.
"맙소사."
가시는 비명이 나오는 입을 두 손으로 막았다.

"여긴 또 어디야?"
가시는 노란 꽃과 초로 장식된 거리를 휘휘 둘러봤다. 가슴이 쿵쾅쿵쾅 뛰었다.
가시는 눈을 크게 뜨고 사람들 모습을 살폈다. 하나같이 얼굴이 이상했다. 해골 가면을 쓰거나 얼굴에 해골 그림을 그리고 있었다.

두 눈가를 검게 칠하고 얼굴은 하얗게 칠한 사람들도 있었다.
사람들은 그 모습으로 춤을 추고 노래를 불렀다.
"자, 앞에서 길을 막고 있지 말고 어서 걸어라."
누군가 뒤에서 가시에게 말했다.
가시는 얼떨결에 해골 모습을 한 사람들에게 밀려 거리를 걸었다.

집집마다 담과 대문은 노란 꽃과 초로 장식되어 있었다. 사람들은 걸어가면서도 노래를 부르고 춤을 추었다.

'저런 모습을 하고 노래를 부르고 춤을 추는 이유가 뭘까?'
얼마를 걸었을까? 가시는 걸음을 멈추었다.
그곳은 공동묘지인 듯했다.
"와."
가시는 꽃과 초로 장식된 공동묘지를 보고 감탄했다. 세상에 있는 노란 꽃을 모두 모아 놓은 듯한 모습이었다. 은은히 풍기는 향냄새가 가득했다.

그때였다. 가시 앞으로 어떤 여자아이가 꽃을 한 아름 안고 바쁘게 지나갔다. 여자아이가 안고 있는 꽃다발에서 꽃 두 송이가 떨어졌다.
"얘."
가시는 꽃을 주워 들고 여자아이를 따라갔다. 여자아이는 어느 묘지 앞에서 걸음을 멈췄다. 묘지 제단에는 꽃과 촛불 그리고 빵과 해골 인형이 나란히 놓여 있었다. 장난감과 물도 있었다.
"이거 떨어뜨리고 갔어."
가시는 여자아이에게 꽃을 내밀었다.
가시는 여자아이 얼굴을 가까이에서 정면으로 본 순간, 심장이 멎는 것 같았다. 하얗게 칠한 얼굴이 마치 저승사자 같았다.
"이런 거 물어봐도 되는지 모르겠는데……."
물어보고 싶은 말이 한둘이 아니었다. 가시의 눈에는 모든 게 이상하고 궁금했다.
"호호. 여러 가지가 궁금한가 보구나. 내 얼굴을 보고 놀란 거

같은데, 나는 '죽음의 여신' 분장을 한 거야.
죽은 영혼이 일 년에 한 번씩 가족들을 찾아오거든."
"죽은 영혼이 찾아온다고?"
"응. 지금이 그때야. 우리는 세상을 떠난 영혼을 맞이하기 위해
준비를 하지. 꽃과 초, 그리고 세상을 떠난 가족이 좋아했던
음식과 물건을 제단에 차려. 여기는 내 동생의 묘지야. 재작년,
아홉 살 때 세상을 떠났어. 너무도 귀엽고 사랑스러운 아이였는데.
내 동생은 이걸 무척 좋아했어."
여자아이는 묘지 제단 위에 놓인 빵과 인형을 집어 들었다.

아홉 살에 세상을 떠났다는 말에 가시는 가슴이 먹먹해졌다.
어쩌다 그렇게 어린 나이에 세상을 떠났을까.
'우리나라의 제사와 비슷한 거 같아.'
가시는 문득 몇 년 전에 세상을 떠난 할머니가 떠올랐다. 할머니는
가시를 유독 예뻐해 주셨다.
할머니는 "가시가 남자아이로 태어났으면 하고 싶은 것 다 하며
살았을 텐데." 하며 내내 아쉬워했었다. 가시는 자신이 이화 학당에
들어간 걸 할머니가 안다면 누구보다 기뻐하실 거라고 생각했다.

가시는 할머니 제삿날마다 할머니의 영혼이 꼭 찾아올 거라는 생각에 음식 만드는 걸 정성껏 도왔다. 가시는 문득 할머니가 보고 싶었다.

"오늘이 네 동생 제사인가 보구나?"

가시가 물었다.

"제사?"

"네 동생이 세상을 떠난 날."

"아니. 내 동생은 여름에 죽었어. 지금은 '죽은 자들의 날'이야. 죽은 자들의 날은 10월 31부터 11월 2일까지 이어져. 살아 있는 사람들이 죽은 사람들을 초대하는 날이지. 죽은 사람들의 영혼은 이때 세상으로 돌아와 사랑하는 사람들 옆에 잠시 머물러. 오늘이 10월 31일인데 자정에 종이 울리고 11월 1일이 되면 아이들 영혼이 도착해."

"영혼들이 제삿날에 오는 게 아니라 같은 날에 다 같이 온다고?"

사람이 죽은 날 제사를 지내는 조선과 달라서 가시는 의아하면서도 신기했다.

"응. 죽은 자들의 날에 영혼들이 다 찾아오지. 아이들 영혼이 11월 1일에 머물다 돌아가면 어른들 영혼이 찾아와서 2일까지 머물다 가."

"아이 영혼과 어른 영혼이 다른 날에 오는구나?"

"응. 이 촛불은 영혼을 환영한다는 뜻이고, 해골 인형은 죽음과 부활을 뜻해. 그리고 물은 영혼이 긴 여행으로 지쳐 있을 때 힘을 주지."

여자아이가 제단 위에 있는 것을 하나하나 가리키며 설명했다. 가시는 단옷날 안개에 휩싸였는데, 이곳은 가을이라는 말이다. '하긴 시대를 건너다니는데 그깟 계절쯤이야' 하는 생각이 들었다.

"그런데 이 꽃은 뭐니? 왜 마을과 거리 그리고 묘지를 똑같은 꽃으로 장식했어?"

"마리골드라는 꽃이야. 죽음의 여신은 마리골드를 좋아한다고 해. 이 꽃은 영혼을 불러들이는 역할을 해."

"죽은 동생을 생각하면 안 슬퍼?"

가시는 내내 웃는 얼굴인 여자아이가 이상했다.

가시네 집은 제사를 지내는 날이면 한없이 경건해지고 엄숙해지는데 말이다. 웃고 떠들면 된통 혼이 나는데, 여기는 여자아이뿐만 아니라 모두 표정이 밝았다.

"죽음으로 헤어진 게 안타깝기는 하지만 슬프지는 않아. 이렇게 일 년에 한 번씩 만날 수 있는 기회가 주어지잖아. 얼마나 반갑고 기쁜지 몰라. 산 사람들은 죽은 사람이 좋아했던 것들을 준비하고 기쁜 마음으로 영혼을 기다리지. 영혼은 가족이나 친구를 만나러 올 때 그냥 오지 않아. 행운과 번영을

선물한단다."
그때였다.
"바바라."
해골 분장을 한 두 사람과 죽음의 여신으로 분장한 사람이
다가왔다. 이름을 알 수 없는 악기들을 들고 있었다. 여자아이가
그 사람들을 반갑게 맞았다.
"이 아이는 누구니?"
해골 분장을 한 사람이 물었다.
"관광객인 것 같아요. 인사해, 우리 할머니와 엄마 아빠야."
바바라라고 불린 여자아이가 가시를 자신의 가족들에게 소개했다.
바바라의 엄마가 가시에게 설탕과 초콜릿이 듬뿍 들어간 빵을
주었다. 입에 넣기만 해도 살살 녹았다. 단 빵을 먹자
가시는 기분이 좋아졌다.
바바라의 가족들은 바바라의 동생 묘지에 둘러서서 악기를
연주했다. 신나는 음악이었다. 바바라는 음악에 맞춰 춤을
추기도 했다.
"너도 같이 추자. 내 동생의 영혼을 환영하는 뜻에서."
바바라가 가시에게 손을 내밀었다. 가시는 바바라의 손에 이끌려
몸을 흔들었다. 이화 학당에서 매일 체조를 해서인지 몸을 흔드는
게 낯설지 않았다.

악기 연주와 춤은 밤 열두 시를 알리는 종이 울릴 때까지
계속되었다.
"오호. 우리 바바라와 네 한쪽 구두가 똑같구나."
종이 울릴 때 바바라 아빠가 말했다. 가시는 깜짝 놀라 바바라가
신고 있는 구두를 바라봤다. 오서현 선생님이 준 가죽 구두와
똑같았다.
"어, 바바라. 너 그 구두 어디서 났니?"
가시가 말을 하는 순간, 묘지 저쪽에서
안개가 밀려오기 시작했다.
안개는 순식간에 가시를
에워쌌다.

"아휴, 추워."

안개가 걷히자 매서운 추위가 가시의 몸을 둘러쌌다. 갑자기 추워지자 머리가 지끈거렸다. 콧날까지 시큰거리게 만드는 바람에 가시는 몸을 부르르 떨었다. 가시가 서 있는 곳은 어느 강가였다. 강에는 두꺼운 얼음이 둥둥 떠다녔고 사방은 눈으로 덮여 있었다.

사람들이 얼음을 헤치고 배를 타고 있었다. 여러 명이 작고 날렵한 배에 올라 노를 저으며 쏜살같이 달렸다. 강가에 선 사람들이 환호성을 보냈다.

'여기는 또 어디지?'

가시는 사람들로 가득 찬 주변을 둘러봤다.

"옷을 너무 얇게 입었네."

그때 갈색의 긴 머리를 한 아이가 가시 어깨에 두툼한 털옷을 걸쳐 주며 말했다.

"따뜻한 나라에서 온 모양이구나. 캐나다 퀘벡의 겨울은 아주 추워."

"퀘벡? 캐나다? 지금이 겨울이니?"

"응. 지금은 '퀘벡 윈터 카니발'이 열리는 때야. 겨울 중에 가장 추운 1월 말이라고. 추운 나라에 올 때는 알맞게 옷을 갖춰 입고 와야지, 무슨 배짱으로 이렇게 얇은 옷을 입고 왔니?"

"윈터 카니발?"

"응. 이곳에서 매해 겨울에 열리는 눈 축제야. 처음 와 본 모양이구나? 하긴, 처음이니까 그렇게 입고 왔겠지. 나는 여기에 살아. 안내해 줄까?"
아이가 가시 손목을 잡아끌었다. 그때 가시 머릿속이 번쩍했다. 그동안 만나는 아이마다 가죽 구두를 신고 있었는데, 꼭 늦게 확인했다. 그래서 그 구두를 어떻게 신게 됐는지 물어보지 못했다.

가시는 아이 발을
바라봤다. 아이는 무릎까지
올라오는 신을 신고 있었다. 두툼하고 털이
달려 있었다. 저런 신발도 있다니, 가시는 신기했다.
"눈썰매 타자."
아이가 눈 쌓인 언덕을 가리켰다. 사람들이 넓적한 것을 타고
언덕을 내려오고 있었다. 가시는 얼음이 꽝꽝 언 논에서
썰매 타던 일을 떠올렸다. 조중이는 썰매를 잘 만들었다.
겨울이면 언제나 가시에게 썰매를 만들어 주곤 했었다.
"으아아악."
가시와 아이는 한 썰매를 탔다. 언덕을 쏜살처럼 내달리는데
몸이 날아갈 것 같았다. 가시는 몸에 힘을 주고 아이 손을 꼭
잡았다.

"헉."

썰매를 타다 가시는 너무 놀라 저절로 입이 벌어졌다.

저만큼에서 믿지 못할 일이 벌어지고 있었다.

"'스노 배스'야. 수영복을 입고 눈으로 목욕을 하는 거지. 가 볼래?"

가시는 아이 손에 이끌려 그곳으로 갔다.

수영복이라는 옷을 입은 사람들이 눈밭에서 뒹굴고 있었다.

눈을 퍼서 몸에 뿌리기도 했다. 사람들 몸이 꽁꽁 얼어서 빨갰다.

하지만 얼굴에는 웃음이 가득했고 행복해 보였다.

'그래, 추운 나라에서 춥다는 생각만 하면 결코 행복하지 않을 거야. 추위를 이겨 내면서 행복을 찾아야지.'

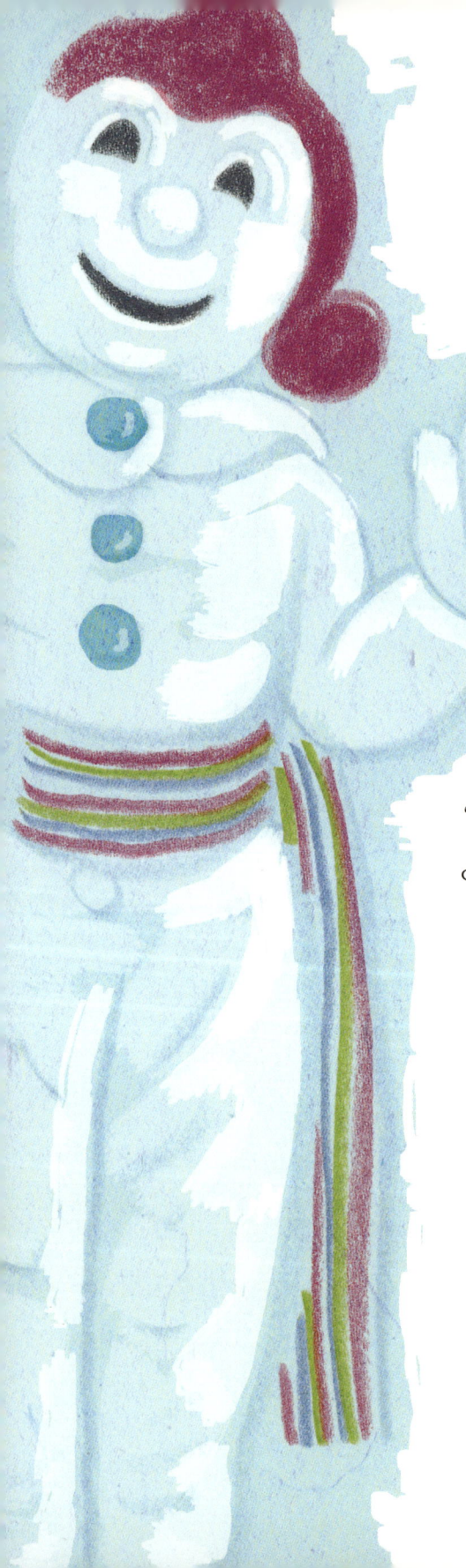

가시는 문득 그런 생각이 들었다. 처한 환경만 탓하며 살다 보면 자신이 세상에서 제일 불행하다는 생각이 들 테니까. 가장 추울 때 이런 축제를 여는 사람들이 현명하게 느껴졌다.
"저건 뭐야?"
여러 마리의 개가 썰매를 끌고 있었다.
"개 썰매 행렬을 보여 주는 거야. 이곳처럼 눈이 많이 오는 나라에서는 개들이 썰매를 끌고 다니는 일이 많거든."
아이가 말했다.
"나라마다 날씨나, 살아가는 방식 외에도 여러 가지 다른 점이 많구나. 우리나라에서는 개가 마당에 묶여 집을 지키는데."

아이에게 말하던 중 가시는 두 눈이 휘둥그레졌다.
커다란 눈사람이 이쪽을 향해 활짝 웃고 있었다.
"저건 뭐야?"
"'보놈'이야. 퀘벡 윈터 카니발의 마스코트지. 보놈은 '좋은 사람'이라는 뜻이야. 아이들이 보놈을 엄청 좋아하지. 이제 얼음 궁전으로 가자. 퀘벡 윈터 카니발의 상징은 얼음 궁전이지. 세인트로렌스강에서 잘라 온 얼음으로 만든 성이야."
얼음 궁전으로 가는 길은 사람들로 발 디딜 틈이 없었다.
가만히 서 있어도 사람들에게 밀려 저절로 움직였다.
"저 집이 얼음으로 만든 거야?"
가시 입이 떡 벌어졌다. 눈앞에 펼쳐진 얼음 궁전은 예쁘고 아름다웠다. 얼음 벽돌을 한 장, 한 장 쌓아 만들었다는 게 믿을 수 없었다.
"응. 얼음 궁전은 해마다 모습이 달라. 카니발 기간에 맞춰서 얼음 궁전을 만드는데, 카니발이 끝날 때까지 이 궁전에서 사람들을 맞이하지. 내년에는 지금과 다른 얼음 궁전이 탄생할 거야. 안으로 들어가자."
얼음 궁전으로 들어가는 통로에는 얼음 조각들이 새겨져 있었다.
"진짜 살아 있는 거 같아."
가시는 금방이라도 비늘을 털며 움직일 거 같은 물고기를 보며 감탄했다.

"이 꽃은 금방이라도 향기를 뿜어낼 거 같아."

가시는 꽃 조각을 보고 놀라워했다. 꽃 조각 옆에는 작은 새 조각도 있었다. 새는 당장이라도 날개를 펼치고 창공을 향해 날아오를 듯했다.

"전 세계에서 내로라하는 조각가들이 퀘벡 윈터 카니발에 참여해서 멋진 겨울을 만들어. 얼음 궁전은 낮에도 아름답지만 밤에 가장 멋있어. 곧 해가 질 거니까 기다렸다가 보고 가자."

어둠이 찾아오자 색색의 조명이 켜졌다. 빨간 조명이 켜지면 얼음 궁전도 빨갛게 변했고 파란 조명이 켜지면 얼음 궁전도 파랗게 변했다. 물고기도 새도 꽃도 조명색에 따라

비늘 색이 달라지고 날개 색이 달라지고 꽃잎 색이 달라졌다.
"그런데 너무 춥다."
어찌나 추운지 아름다운 풍경에 푹 빠져 있는데도 추위가 느껴졌다.
"그러니까 카니발이 열리는 17일 동안 이 얼음 궁전이 녹지 않고 그대로 있는 거야."

아이가 말했다.

가시는 고개를 들어 하늘을 바라봤다. 보름달이 떠 있었다.

조선에서 본 보름달과 같은 모습이었다.

다시 앞을 봤을 때 아이가 없었다.

두리번거리고 있을 때 파란색 조명이 분홍색으로 바뀌며

얼음 궁전 안이 환해졌다. 미로 같은 길을 급히 걸어가는 아이의

뒷모습이 보였다.
가시는 재빨리 아이를 따라갔다. 얼음 궁전을 벗어난 아이가 달리기 시작했다.
그때 털이 달린 두툼한 신발이 벗겨졌다.
'아, 가죽 구두!'
아이는 두툼한 신발 안에 가죽 구두를 덧신고 있었다.
바람이 휙 불며 안개가 밀려왔다.

"으윽."

안개에서 빠져나온 가시는 하늘을 향해 치솟는 불길에 몸을 움츠렸다. 추운 곳에서 꽁꽁 얼어붙었던 몸이 금세 사르르 녹아내렸다. 불길 주위에는 한 무리의 사람들이 모여 있었다. 사람들은 치솟는 불길 안에 뭔가를 던졌다. 그러면서 노래를 부르고 춤을 추었다.

"홀리카를 태우는 의식이야. 너도 저 불 속에 던질 게 있으면 던져. 묵고 낡은 것을 던져 버리고 새해를 맞이하는 거야."

웬 아이가 가시 옆으로 다가서며 말했다.

"홀리카가 뭐야?"

가시가 아이에게 물었다.

"조카를 죽인 마녀. 홀리의 시작을 알리는 의식이지."

활활 타오르던 불이 완전히 꺼지고 나자 사람들은 숯덩이 같은 것을 집어 들고 집으로 돌아갔다.

"이걸 집으로 가져가서 불을 피우면 의식이 끝나. 내일 보자."

아이도 뭔가를 집어 들고 돌아갔다.

"여긴 또 어디지?"

가시는 사람들이 분주하게 오가는 거리를 바라보며 앉아 있었다. 피곤함이 한꺼번에 밀려들었다.

"아악."

가시는 얼굴에 느껴지는 뜨거운 감촉에 눈을 번쩍 떴다. 잠이 들었던 모양이다. 어느새 아침이었다. 가시 앞에 눈이 큰 소 한 마리가 코를 벌름거리고 서 있었다. 뜨거운 것은 소의 콧김이었다.

"너, 너…… 왜 나를 그렇게 빤히 쳐다보는 거야?"

가시는 당황해서 말까지 더듬었다. 소는 가시를 잠시 바라보더니 휙 돌아서서 가 버렸다.

"이게 뭐야?"

가시는 거리를 보고 말문이 막혔다.

길에 소들이 앉아 있기도 하고 누워 있기도 했다. 사람들은 소들에게 비키라는 말도 하지 않았다. 끌고 가지도 않았다. 도리어 소들을 피해 다녔다. 두 손을 모아 소에게 허리를 굽히는 사람도 있었다.

'소는 밭에 나가 일해야 하는 거 아닌가? 그런데 소를 왕처럼 떠받드는 모습이야.'

가시는 햇볕을 받으며 잠든 소들을 신기한 눈으로 보며 걸었다.

"홀리!"

그때 웬 아이가 가시에게 물을 마구 뿌리며 소리쳤다.

어제 그 아이였다. 가시는 너무 당황해서 어쩔 줄 몰라 했다. 가시가 뒤집어쓴 물은 그냥 물이 아니었다. 벌건 색의 물감을 섞은 물이었다. 가시 얼굴과 옷은 금세 얼룩이 졌다.

"바라나시에 온 것을 환영해."

아이가 낄낄거리더니 갑자기 가시에게 달려들었다. 그러더니 가시 얼굴을 철썩철썩 때리며 뭔가를 발랐다. 봉변도 이런 봉변이 없었다.

"대체 뭐 하는 짓이야?"

가시는 아이 손을 뿌리쳤다. 아이는 아랑곳하지 않고

가시 머리에도 벌건 칠을 했다. 그러고는 냅다 도망쳤다.
"거기 안 서?"
가시는 화가 나서 소리치며 아이를 쫓아갔다. 잡힐 듯 말 듯 약을 올리며 달리던 아이가 우뚝 멈췄다.
"여기는 판차코시야. 힌두교도들은 일생에 한 번은 걸어 보고 싶어

하는 길이지. 너도 걸어 봐."

아이가 가시에게 말했다.

"이제 힘들어서 못 달리니까 멈춰서 엉뚱한 소리 하는 거지? 너, 나한테 이런 더러운 물을 왜 뿌렸어? 내 얼굴과 머리에 칠한 건 또 뭐야? 너, 나를 언제 봤다고 이런 짓을 하는 거니?"

가시가 아이를 노려보며 쏘아붙였다.

"더러운 물 아니거든. 물감을 섞은 물이야. 얼굴과 머리에 칠한 건 물감이고. 너한테만 일부러 그런 거 아니야. 저길 봐."

아이가 주변을 가리켰다. 그제야 가시는 달리느라고 미처 보지 못했던 주변을 둘러봤다. 어른이고 아이고 할 것 없이 서로에게 색 가루를 뿌리고 물감 섞은 물을 뒤집어씌우고 있었다. 서로의 얼굴에 여러 가지 색깔의 물감을 칠하기도 했다.

모두들 웃는 얼굴이었다. 노래를 부르기도 했다.

가시는 놀라서 저절로 벌어지는 입을 다물지 못했다. 저게 무슨 해괴망측한 짓인지 모르겠다.

"지금은 홀리 기간이야. 어제 홀리카를 태우는 의식으로 홀리가 시작된다고 했잖아. 홀리는 한 해를 마무리하며 나쁜 것을 쫓아내고 새로운 날을 맞이하는 봄맞이 의식이야. 홀리 때에는 사람들이 거리에 나와 온몸에 물감을 뒤집어쓰고 색 가루를 뿌리기도 해."

"그럼 나에게 이런 물을 뿌린 것도 내게 있는 나쁜 것을
내쫓으려고 그런 거야?"
"응."
가시는 아이 말에 화가 났던 마음이 누그러졌다.
가시는 어느새 사람들 사이에 섞여 색 가루도 뿌리고 물감 섞은

물도 뿌렸다. 그리고 아이 얼굴에도 온통 물감 칠을 했다. 가시는 함께 노래도 부르고 춤도 췄다.
"홀리!"
가시는 아이처럼 홀리를 외쳤다. 가시의 얼굴과 옷은 색색으로 얼룩이 지고 엉망이 되었다.

"세수를 해야겠어."

"강으로 가자."

가시는 아이와 함께 강으로 갔다. 강에는 많은 사람들이 몸을 씻고 있었다.

"여긴 갠지스강이야. 사람들은 축복을 기원하며 이 강에서 목욕을 해."

아이는 강으로 텀벙텀벙 들어갔다. 아이를 따라 강으로 들어가려던 가시가 멈춰 섰다.

"아, 이게 무슨 냄새지?"

가시는 코를 잡아 쥐었다. 냄새는 강에서 났다.

"이 강물에 얼굴과 몸을 씻으면 돼."

아이가 말했다. 주저하는 가시와 달리 아이는 보란 듯 세수를 했다. 그때 저만큼에서 강에 뭔가를 뿌리는 사람이 눈에 들어왔다.

"홀리 기간이라서 강에다 색 가루를 뿌리는 거니?"

가시가 아이에게 물었다.

"아니야. 죽은 사람의 뼛가루를 뿌리는 거야. 축복을 기원하며 강에서 목욕하는 것처럼, 죽은 사람을 화장해서 뼛가루를 강에 뿌리지."

"화장?"

"사람이 죽으면 태우는 걸 '화장'이라고 해."

사람이 죽으면 태우다니. 가시는 멕시코에서 동생의 영혼을 기다리던 바바라네 가족이 떠올랐다.
'나라마다 많은 것이 다르구나.'
가시는 강물에 둥둥 떠내려가는 하얀 가루를 보며 고개를 끄덕였다.
그때 강으로 들어갔던 아이가 밖으로 나왔다. 무심코 아이를 바라보던 가시는 깜짝 놀랐다. 아이는 구두를 신고 있었다. 오서현 선생님이 준 가죽 구두와 똑같은 구두 말이다.
"그 구두 어디서 났어?"
가시는 아이에게 큰 소리로 물었다.
아이는 뒤돌아보지 않고 내달렸다. 가시는 아이를 따라 달렸다. 강을 벗어나 거리로 왔을 때, 짙은 안개가 밀려왔다.

가시가 정신을 차리니, 눈앞에 흙으로 만든 거대한 건축물이 있었다. 건축물에는 사람의 모습이나 갖가지 문양들이 조각되어 있었다.

'여기는 인도보다 더 덥네.'

아직 어둠이 채 가시지 않았다. 어둠을 쫓아내기라도 하듯 음악 소리가 요란했다. 그리고 그 음악에 맞춰 같은 옷을 입은 사람들이 춤을 추고 있었다.

잠시 후 음악이 멈추고 주변이 고요해졌다. 사람들은 모두 숨을 죽이고 있었다.

"얘, 여기가 어디니? 이 사람들은 뭘 기다리고 있는 거야?"

가시는 옆에 서 있는 아이에게 물었다.

"쉿! 이제 곧 태양이 뜰 거야."

아이가 검지손가락을 입에 갖다 댔다.

"태양이 뜨면 무슨 일이 생기니?"

가시는 다시 물었다. 그러자 아이는 이맛살을 살짝 찡그리며

조용히 하라고 했다.
"태양은 날마다 뜨는 거야. 특별할 게 없다고."
가시는 약간 마음이 상해 말했다.
"여기는 아부심벨 신전이야. 오늘은 태양빛이 람세스 2세의 태양 신전 맨 안쪽까지 들어가는 날이야. 신상이 놓인 곳까지 태양빛이 닿는 거지. 조금 전까지 무용수들이 태양을 맞이하는 공연을 한 거고. 이제 곧 태양이 뜰 거야."
아이가 끝없이 펼쳐진 지평선을 턱으로 가리켰다.
그 순간 지평선으로 서서히 태양이 떠오르기 시작했다.
태양은 천천히 아부심벨 신전을 비추었다.

벽에 조각된 사람의 모습과 갖가지 문양에 햇빛이 내려앉았다.
곧 안으로 향하는 문으로도 햇빛이 길게 이어졌다.
어둡던 안쪽이 환해졌다. 마치 아부심벨 신전이 태양 안으로
들어가는 듯했다.
"와, 신상이 놓인 곳에도 햇빛이 들어갔어."
아이가 두 손을 꼭 모아 쥐고 말했다.
다시 음악이 울렸다. 사람들이 삼삼오오 모여 춤을 추기 시작했다.
"일 년에 딱 두 번만 햇빛이 아부심벨 신전 신상까지 들어가.
햇빛은 신상에 20분 정도 머무르지."
아이가 말했다.
아이는 이 아부심벨 신전은 람세스 2세가 만들었다고 설명했다.
그리고 2월에 신상에 들어가는 태양빛은 람세스 2세가 왕이 된
걸 기념하는 거고, 10월에 신상을 비추는 태양빛은 람세스 2세의
생일을 축하하는 의미라고 했다.
"어, 너, 그 구두!"
아이가 갑자기 가시가 신고 있는 신발을 가리켰다.
"빨간 구두와 까만 구두, 짝짝이로 신고 있네? 나, 아까
너랑 똑같이 빨간 구두와 까만 구두를 짝짝이로 신은 아이
봤는데."
"뭐? 진짜? 그 아이 어디로 갔어?"

가시는 그 아이가 단옷날 자신의 구두를 신고 달아난 아이라는
확신이 들었다.
"아부심벨 신전 신상에 햇빛이 드는 걸 보고 나서 곧장 나일강이
있는 아스완으로 간다고 했어. 나일강에서 펠루카*를 탄 다음
카이로로 간대. 그새 떠났나?"
아이가 두리번거렸다.
"나 좀 도와줘. 나는 조선에서 온 홍가시라고 해. 내 가죽 구두 한
짝을 찾아야 집으로 돌아갈 수 있어. 나 좀 아스완이라는 곳으로
데려다줄래? 네가 도와주지 않으면 나는 영영 조선으로 돌아갈 수
없을지도 몰라."
가시는 아이에게 부탁했다.
"집으로 돌아가지 못한다면 큰일이지. 좋아, 내가 아스완까지
데려다줄게. 그러려면 비행기를 타야 해."
아이는 가시를 데리고 공항에 갔다. 가시는 비행기를 타고
아스완으로 가면서 예전에 만났던 아멜리아 에어하트를 떠올렸다.
비행기로 가시를 조선까지 데려다준 사람이었다. 지금 탄 비행기는
아멜리아 에어하트와 탔던 비행기와 많이 달랐다.
더 빠르고 더 안락하고 안전했다.

**펠루카** 이집트와 수단, 이라크에서 사용하는 전통 배.

'아멜리아 에어하트처럼 도전하는 사람이 있어서 비행기도
발전할 수 있었을 거야.'
가시는 아멜리아 에어하트를 다시 만나 이야기를 나누고 싶었다.
비행기에서 내려 나일강에 도착했다. 잔잔한 나일강에는 돛을 단
펠루카가 유유히 떠다니고 있었다. 펠루카를 타는 사람은 많았지만
빨간 구두와 까만 구두를 짝짝이로 신은 아이는 없었다.
"그새 카이로로 갔나 봐. 기차를 타고 카이로로 가자."
가시와 아이는 기차를 탔다. 가시는 기차가 신기했다. 운전하는
사람은 한 명일 텐데, 한 명이 운전해서 이렇게 긴 기차가
움직인다는 게 믿기지 않았다.
"와, 저건 또 뭐야? 집도 아니고. 그 옆에 있는 건 무슨 동물을
만들어 놓은 거 같은데."
가시는 기차 밖으로 보이는 풍경을 보고 놀라서 아이에게 물었다.
"저건 피라미드야. 그 옆에는 스핑크스고. 피라미드는 고대 이집트
왕들의 무덤이야. 스핑크스는 왕의 권력을 상징하는데, 사람의
머리와 사자의 몸을 가졌지."
아이가 설명했다. 카이로에는 피라미드와 스핑크스가 많았다.
"스핑크스는 동쪽을 향해 있고 피라미드는 서쪽을 향해 있어.
우리 이집트 사람들은 서쪽을 저승 세계라고 믿어.
그리고 매일 뜨는 태양의 첫 빛이 스핑크스 눈에 비추이면 인간이

죽지 않고 부활할 거라고 믿지.
 저 피라미드는 20년이라는 긴 시간에 걸쳐 만들어졌는데
약 10만 명이 동원되었다고 해. 그나저나 네 구두
한 짝을 가져간 아이가 꼭 카이로에 있어야 할 텐데…….
어디 가서 찾지?"
가시와 아이는 빨간 구두와 까만 구두를 짝짝이로 신은 아이를
찾아 카이로 거리를 헤매고 다녔다. 하지만 어디에도 그 아이는
없었다.
"혹시 저처럼 빨간 구두와 까만 구두를 짝짝이로 신은 아이
못 보셨나요?"
가시는 답답한 마음에 스핑크스에게 넋두리하듯 물었다.
그러자 스핑크스 얼굴이 서서히 움직이더니 입이 쩍 벌어졌다.
스핑크스 입에서 뿌연 안개가 쏟아져 나왔다.
가시는 안개에 휩싸이지 않으려고 재빨리 돌아섰다.
그때 한 아이가 멀리 달려가는 모습을 보였다. 까만 가죽

구두가 눈에 쏙 들어왔다.

"얘."

가시는 아이를 불렀다. 하지만 아이는 뒤돌아보지 않았다.

곧 가시는 안개에 휩싸였다.

안개가 걷히고, 가시는 주변을 살폈다. 가시 주변 사람들이 왁자지껄 떠들고 있었다.

"아이고, 망측해라."

가시는 사람들을 힐끗 보고 깜짝 놀랐다. 머리에 꽃을 달고 찰랑거리는 긴 치마를 입은 사람들은 하나같이 윗옷을 제대로 입지 않고 있었다.

"와!"

환호성에 맞춰 노란 옷과 빨간 옷 그리고 하얀 옷을 입은 사람 여럿이 나타났다. 남자들은 머리에 모자를 쓰고 여자들은 화관을 얹고 있었다.

"이게 뭐지?"

금세 호기심이 발동한 가시가 중얼거렸다. 그때였다.

"하와이 전통 의상을 입은 왕실 가족의 대관식을 시작으로, 페스티벌이 시작되는 거야."

빨간 꽃을 머리에 단 아이가 가시에게 말했다. 아이는 꽃으로 만든 긴 목걸이도 하고 있었다.

대관식이 끝나자 여러 명의 아이들이 음악에 맞춰 춤을 추기 시작했다.

"너도 나랑 같이 훌라 춤을 추자."

아이는 가시에게 말하며 머리에 노란 꽃을 꽂아 주었다.

"뭐 하는 거니?"

"이제부터 '알로하 페스티벌'을 즐기는 거지."

가시는 아이와 함께 해변으로 나갔다. 눈부시게 파란 바다와 반짝이는 모래로 가득한 해변은 춤추는 사람들로 꽉 차 있었다.

"알로하 페스티벌? 춤추는 축제인 거니?"

가시가 아이에게 물었다.

"알로하 페스티벌에 대해 잘 모르는구나? 1946년에 하와이 전통문화를 보전하고 알리려고 연 작은 축제가 지금의 알로하 페스티벌이 되었어. 9월 한 달 정도가 페스티벌 기간이야. 이곳 사람들은 따뜻한 기후 덕인지 성격이 다들 낙천적이야. 춤추는 것도 좋아해. 하와이 춤은 '훌라'라고 해서 이렇게 춰."

아이가 손을 천천히 움직이며 엉덩이를 돌렸다. 그러자 찰랑찰랑한 치마가 흔들렸다. 아이는 가시에게 자신이 입은 것과 똑같은 치마를 입혀 주었다.

"너도 따라 해 봐. 이렇게, 이렇게."

아이는 음악에 맞춰 신나게 춤을 췄다.

'아, 망측하고 부끄러워.'

가시는 아이를 따라 할 수 없었다. 조선의 춤은 다소곳하다. 흥이 나도 어깨를 작게 들썩이는 정도다. 버선 끝으로 섬세하게 춤을 표현하기도 한다.

윗옷은 제대로 갖춰 입지 않은
채 엉덩이를 흔드는 춤을
가시는 출 자신이 없었다.
한참 망설이던 가시가 크게 심호흡했다.
'하긴, 이화 학당에서 처음 체조하는 걸
봤을 때도 망측하다고 여겼었지. 하지만 직접 해
보니까 망측하기는커녕 재미있기만 했는걸.'
이화 학당에서는 체조를 한다. 다리를 쫙쫙
올리면서 뛰는 모습을 가시는 처음에 놀라워했었다.
'부끄러워하지 말고 한번 도전해 보자.'
가시는 아이를 따라 두 팔을 양쪽으로 천천히 움직이며
엉덩이를 살살 흔들었다.
"와, 진짜 잘 추네."
아이가 가시를 칭찬했다.

'진짜 재미있는걸. 잘 배워서 가연이와 이화 학당
친구들에게도 가르쳐 주어야겠어.'
그 생각을 하자 가시는 더욱 신이 났다.
한바탕 춤을 추고 난 가시는 배가 고팠다. 아이가 가시 마음을
들여다본 듯 먹을 것을 사 왔다.
"라우라우와 무스비야. 하와이 전통 음식이지. 페스티벌 기간에는
하와이 전통 음식을 많이 먹는단다."
가시는 생전 처음 보는 음식을 받아 들었다. 하나는 고기와 생선을
풀잎으로 돌돌 싸맨 음식이었고, 하나는 햄이라는 것을 얹은
밥이었다.

가시는 용기를 내어 무스비를 입에 넣었다. 고소했다.
가시가 라우라우와 무스비를 다 먹고 났을 때, 꽃으로 장식한
마차가 줄지어 오기 시작했다.
"알로하 페스티벌에서 가장 멋진 꽃차 행렬이야. 가까이 가서 보자."
가시와 아이는 손을 잡고 꽃차 가까이 다가갔다.
넋을 놓고 꽃차 행렬을 구경하던 가시는 뭔가 허전한 걸 느꼈다.
손을 꼭 잡고 있던 아이가 사라졌다. 가시는 둘레둘레 주변을
둘러봤다.
아이는 어디에도 보이지 않았다.
'아, 맞아. 축제를 즐기느라 그 아이가 무슨 신발을 신고 있는지
확인하지 않았네.'

가시는 그때야 그 생각이 들었다. 하지만 어쩐지 그 아이도 까만 가죽 구두를 신고 있었을 것 같았다.
순간 가시 머릿속이 번쩍했다. 지금까지 만났던 아이들 모두 오서현 선생님이 준 가죽 구두와 똑같은 구두를 신고 있었다.
'오서현 선생님이 노란 스카프를 한 할머니에게 구두를 살 때, 그 구두와 똑같은 구두가 일곱 켤레라는 말을 했다고 했지. 그럼 내가 만난 아이들이 나머지 여섯 켤레의 구두를 샀던 아이들인가?'

가시는 그럴 거라는 확신이 들었다.
'빨간 구두 주인은 어디 가서 찾지? 그 아이를 찾아야 집으로
돌아갈 수 있을 텐데.'
그때였다. 한쪽 발바닥이 아팠다. 빨간 구두를 신은 쪽이었다.
가시는 빨간 구두를 벗었다. 밑창 부분이 약간 불룩하게 나와
있었다. 가시는 밑창을 들어냈다.
"이게 뭐지?"
밑창에 두 겹으로 접힌 종이가 붙어 있었다.

> 알로하! 하와이에 도착하면 오서현의 구두를 돌려 드리지요.
> 와이키키 해변에 있는 '산도라 식당'으로 오세요.

가시는 사람들에게 물어 와이키키 해변으로 갔다. 하지만 아무리
찾아도 산도라 식당은 보이지 않았다. 한참 헤맨 끝에 '산도라
식당'을 찾을 수 있었다. 산도라 식당은 무스비와 포케를 파는 작은
음식점이었다. 산도라 식당의 주인은 노란 스카프를 한 할머니였다.
"아, 구두다!"
산도라 식당 한쪽 구석에 까만 구두 한 짝이 놓여 있었다.
그렇게도 찾아 헤매던 오서현 선생님이 준 까만 가죽 구두였다.
가시는 빨간 구두를 벗어 놓고 까만 구두를 신었다.

가시가 구두에 발뒤꿈치를 쏙 넣은 순간 안개가 밀려왔다.
가시는 안개에 휩싸였다.
가시가 정신을 차렸을 때는 그네 아래였다.
"가시야, 봐라! 나 하늘 끝까지 올라간다."
영서가 그네를 타고 있었다. 가시는 영서를 향해 손을 흔들며 자리에서 일어났다.
새 한 마리가 푸드득 날아올랐다.

# 세계가 가까워지는 축제 이야기

아름다운 가면을 만날 수 있는 축제도 있단다!

세계 곳곳에서는 고대부터 지금까지 다양한 축제를 열고 있어요. 고대에는 하늘에 제를 올리는 제천 의식의 형태로 축제가 열렸어요. 현대에는 지역 특산물을 즐기고, 전통을 보전하고, 예술의 가치를 나누는 등 다양한 형태로 발전했지요. 지금부터 지구촌 곳곳의 다양한 축제를 알아봐요!

오랜 역사와 전통을 자랑하는 축제
# 강릉 단오제

**개최 지역:** 대한민국 강릉
**개최 시기:** 약 음력 5월 5일쯤

단오제 기간 동안 아침마다 열리는 유교식 제사, '조전제'의 모습.

## 어떤 축제인가요?

우리나라에서 가장 역사 깊은 축제 중 하나예요. '단오제'는 여러 신에게 지내는 제사의 이름이에요. 강릉 지역 주민들은 이 제사를 지내며 단합하였지요. 또 강릉 단오제에서는 마을 주민들의 평안을 기원하는 굿을 해요. 유교식 행사인 제사와 민간 신앙인 굿이 함께 열린다니, 신기하지요? 그 외에도 가면극, 그네뛰기, 씨름, 창포물에 머리 감기, 수리취떡 먹기 등 다양한 행사가 열린답니다.

## 언제부터 시작되었나요?

단오제가 언제부터 시작되었는지는 정확히 알려지지 않았어요. 다만, 고려 시대의 역사서 『고려사』에 그와 관련한 기록이 남아 있는 것으로 보아, 수천 년 동안 이어져 왔다고 짐작하지요. 1976년부터는 강릉문화원이 강릉 단오제를 주관하여 행사를 치렀고, 2006년부터는 강릉단오제위원회가 행사를 맡고 있어요.

강릉단오제 가면극 모습.

강릉단오제는 역사성을 인정받아, 1967년 중요무형문화재로 지정되었으며, 2005년에는 유네스코인류무형문화유산으로 선정되었답니다.

### 단오란?

단오는 음력 5월 5일을 말해요. 모내기가 끝난 시기로, 풍년을 기원하는 의미를 지닌 날이지요. 이날이 되면 우리 조상들은 마을 사람들이 모두 모여 놀이를 즐겼어요. 쑥을 넣은 떡을 만들어 나눠 먹고, 그네뛰기, 씨름, 줄다리기 등 민속놀이를 즐겼지요. 또 이날 창포물에 머리를 감으면 나쁜 귀신을 몰아내고 한 해 동안 건강하게 지낼 수 있다고 믿었답니다.

전 국민의 화합을 다지는 축제
# 나담

**개최 지역:** 몽골 전역
**개최 시기:** 매년 7월

### 어떤 축제인가요?

몽골의 민속놀이를 즐기는 민속 축제예요. 각종 스포츠 경기를 즐기며 전 국민이 화합하지요.

축제는 몽골 기마병과 여러 부족의 전통 복식을 갖춰 입은 주민들이 행진하며 시작돼요. 이 축제의 가장 중요한 행사는 몽골 씨름, 말타기, 활쏘기예요. 씨름은 몽골에서 가장 인기 있는 운동 경기 중 하나예요. 전국 예선을 거친 실력자만이 나담 축제에서 치러지는 경기에 참여할 수 있지요. 말타기 대회에는 남녀노소 누구나 참가할 수 있어요. 이 대회에서 우

나담 축제 개막식.

승한 말에는 '투맨 에흐'라는 명칭이 수여되며, 말의 가격도 크게 올라요. 활쏘기 경기에는 여성도 참여할 수 있어요. 이 대회의 우승자는 최고의 사수라는 뜻의 '메르겐'이라는 칭호를 받는답니다. 이외에도 몽골 전통 음악 공연, 전통 음식과 공예품을 파는 장도 열려요.

활쏘기 대회 모습.

### 언제부터 시작되었나요?

나담 축제는 원래 유목 민족인 몽골 사람들에게 중요한 가축의 성장을 기원하는 종교적 의미와 군사적인 의미를 지닌 행사였어요. 그러다 중국에서 독립한 것을 기념하기 위한 축제와 통합되었지요. 나담 축제에서 열리는 씨름, 말타기, 활쏘기는 매우 오랜 역사를 지닌 전통 놀이에요. 나담 축제는 2010년 유네스코인류무형문화유산으로 등재되었어요.

#### 가시와 함께 알아봐요!

**유목민의 편안한 안식처, 게르**

몽골은 드넓은 초원을 가진 나라예요. 몽골인은 가축과 함께 초원 이곳저곳을 돌아다니며 이동하는 유목 생활을 해 왔어요. 이들에게는 황량한 초원의 바람을 견딜 수 있는 따뜻한 주거 공간이 필요했어요. 그래서 '게르'가 탄생했지요. '게르'는 쉽게 분해할 수 있는 벽과 기둥, 튼튼한 천으로 이루어져 있어요. 접고 포장하기도 편하고 운반하기도 좋지요. 바람에 강하고 여름에는 시원한 그늘을 만들어 준답니다.

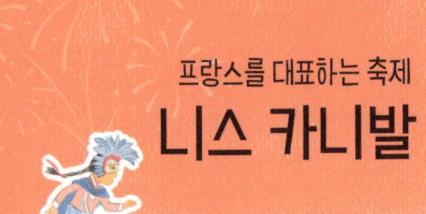

프랑스를 대표하는 축제
## 니스 카니발

개최 지역: 프랑스 니스

개최 시기: 매년 2월 중순

### 어떤 축제인가요?

프랑스 남부 도시, 니스에서 열리는 축제예요. 매해 달라지는 축제 주제에 관련된 대형 인형 퍼레이드는 행사의 꽃이에요. 프랑스 장인들이 전통 기법으로 손수 만든 거대 인형은 크기가 8~12미터에 달하고 무게가 2톤이 넘기도 해요.

또 하나의 주요 행사는 꽃마차 퍼레이드예요. '꽃의 전쟁'이라고도 불리는 이 퍼레이드는 1876년 처음 열린 이래로 지금까지 많은 사랑을 받고 있어요. 관광객들에게 10만 송이에 달하는 꽃을 나눠 주지요. 그 외에도

니스 카니발 거리 행진 모습.

색종이 날리기, 밀가루 전쟁, 불꽃놀이 등 다양한 행사가 열려요.

### 언제부터 시작되었나요?

니스 카니발이 언제부터 시작되었는지는 정확히 알려지지 않았지만, 1294년에 쓰인 프로방스 백작 샤를 2세의 연대기에 니스 카니발에 대한 기록이 처음 등장해요. 이 기록을 통해 13세기 이전에 이미 축제의 형태가 갖춰졌음을 짐작할 수 있지요. 사회가 혼란스러웠던 프랑스 대혁명과 나폴레옹이 집권했던 시기에는 축제가 잠시 중단되었어요.

1830년부터 니스 카니발에 거대한 인형 조형물과 행진 차량이 등장했어요. 1873년부터는 시에서 나서 축제를 꾸려 나갈 위원회를 구성하고 공식 카니발을 개최했어요.

1900년에 열린 니스 카니발 모습.

### 가시와 함께 알아봐요!

**예술가가 사랑한 도시, 니스**

니스는 프랑스 남부 지방에 위치한 도시예요. 아름다운 지중해가 자리해, 많은 유럽 사람들이 이곳에서 여름휴가를 보내요. 마르크 샤갈, 앙리 마티스, 니키 드 생팔 같은 예술가들이 이곳에 머물며 작품 활동을 하기도 했어요. 2021년, 니스는 유네스코세계문화 유산도시로 지정되었답니다.

세계 3대 축제
# 리우데자네이루 카니발

개최 지역: 브라질 리우데자네이루
개최 시기: 매년 1월~2월

### 어떤 축제인가요?

전 세계에서 가장 화려한 카니발이에요. 리우데자네이루 시장이 남아메리카 카니발의 왕, 모모로 분장한 사람에게 리우시의 열쇠를 전달하는 즉위식을 시작으로 축제가 시작돼요. 이 축제의 가장 큰 행사는 삼바 경연 대회를 포함한 삼바 퍼레이드예요. 삼바 전용 공연장에서 펼쳐지는데, 이곳은 7백 미터가 넘는 행진로와 9만여 석의 관람석을 갖추고 있어요. 이 삼바 퍼레이드에 참여하려면 삼바 스쿨을 다녀야 해요.

삼바 경연 대회 참가자 모습. 각 삼바 스쿨별로 깃발과 분장이 다르다.

각지에서 몰려든 참가자들은 화려하게 꾸민 축제 차량을 타고 삼바 춤을 선보이지요. 이외에도 다양한 밴드 공연과 무도회가 도시 곳곳에서 열린답니다.

### 언제부터 시작되었나요?

아프리카에서 잡혀 온 흑인들이 사순절에 조그맣게 축제를 벌이던 것이, 지금의 삼바 축제로 발전했어요. 당시 하층민 사이에서 유행했던 삼바 카니발을 정부가 지원하기 시작하면서 대표적인 관광 상품으로 자리 잡았지요.

삼바를 가르치는 학원인 삼바 스쿨이 등장하면서 많은 사람에게 인기를 얻게 되었지요. 또 거리에서 진행하던 퍼레이드에 너무 많은 인파가 몰리자 전용 행사장을 마련하여 더욱 성대한 축제로 발전시켰답니다.

삼바 전용 공연장에서 펼쳐지는 삼바 경연 대회.

 가시와 함께 알아봐요!

#### 브라질의 상징, 삼바

삼바라는 명칭에 대해 여러 가지 설이 존재해요. 아프리카 콩고 지역에서 신성한 의식을 치를 때 행하는 춤과 음악 '셈바'에서 온 단어라는 설이 대표적이에요. 삼바는 빠르고 경쾌한 음악에 맞춰 몸을 앞뒤 좌우로 빠르게 흔드는 게 큰 특징이에요. 삼바를 배울 수 있는 삼바 스쿨은 브라질 전역에 500개가 넘는다고 해요.

# 마오리족의 전통을 엿볼 수 있는 축제
## 마타리키 페스티벌

**개최 지역:** 뉴질랜드 오클랜드, 웰링턴, 더니든

**개최 시기:** 매년 6월~7월

### 어떤 축제인가요?

뉴질랜드의 토착 민족인 마오리족의 축제예요. 뉴질랜드에는 5월 말~6월 초가 되면 플레이아데스성단이 나타나는데, 이때를 한 해의 시작으로 삼아 여는 새해맞이 축제지요. 마타리키는 이 플레이아데스성단을 가리키는 마오리어예요.

플레이아데스성단.

이 축제에서는 천체에 관한 다양한 행사가 열려요. 그 외에도 한 해의 복을 비는 연날리기 행사, 마오리족의 전통 춤인 하카 공연 등이 열리지요. 또 마오리족의 과거와 미래를 돌아보는 다양한 학술회의와 행사도 만나 볼 수 있답니다.

### 언제부터 시작되었나요?

마타리키는 유럽인들이 뉴질랜드에 오기 전부터 마오리족 사이에 널리 퍼져 있던 새해맞이 축제였어요. 하지만 마오리족 인구가 줄고, 전통문화가 사라지면서 마타리키 축제도 규모가 축소되었어요. 그러다 2000년, 마타리키 축제를 부활시키기 위한 준비 위원회를 조직했고, 여러 사람이

독특한 문화를 가진 마오리족.

참여하여 지금처럼 특색 있는 축제로 자리 잡았어요. 이후 뉴질랜드 정부도 마오리족 문화를 보존하고 알리기 위해 적극적으로 지원하고 있답니다.

### 가시와 함께 알아봐요!

**마오리족**

뉴질랜드의 원주민이에요. 타히티섬 인근에 거주하다 10세기경 카누를 타고 뉴질랜드로 건너왔지요. 이때까지 뉴질랜드는 사람이 살지 않는 무인도였어요. 마오리족은 엷은 갈색 피부와 곱슬머리를 가지고 있어요. 우리나라에 '연가'라는 제목으로 알려진 노래는 마오리족의 '포카레 카레아나'라는 노래에서 비롯되었답니다.

## 아름다운 가면과 함께하는
# 베네치아 카니발

**개최 지역:** 이탈리아 베네치아
**개최 시기:** 매년 1~2월 사이

### 어떤 축제인가요?

이탈리아 베네치아 지역에서 열리는 가면 축제예요. 축제 기간에는 베네치아 전역이 가면을 쓴 사람들로 가득해 발 디딜 틈이 없어요. 여러 섬으로 이루어진 도시답게 곤돌라나 수상 택시 바포레토를 타고 축제를 즐기는 사람도 많아요.

베네치아 카니발의 대표적인 행사는 '천사 강림'이에요. 천사로 선발된 사람이 산 마르코 광장 종탑에서 광장 바닥까지 늘어뜨린 줄을 타고 내려오는 행사이지요. 천사 역할은 배우, 가수, 운동선수 등이 맡아 하다 지금은 따로 선발된 사람이 맡고 있어요.

카니발 마지막 주말에는 가장 아름다운 가면을 쓴 사람을 뽑는 대회가 열려요. 다양한 전문가가 심사 위원으로 참여하지요. 그 외에도 각종 거리 공연과 미술 전시회가 열린답니다.

### 언제부터 시작되었나요?

1162년 베네치아 공화국이 이탈리아의 자치주 한 곳과의 분란에서 승리한 것을 기념하기 위한 축제가 이어진 것으로 추정하고 있어요.

베네치아 축제에서는 왜 가면을 쓸까요? 전해지는 이야기로는 베네치아에 외적들이 쳐들어와 신부들을 납치하자, 베네치아 남자들이 가면을 쓰고 여자로 변장해서 신부들을 구한 것을 기념하기 위해 가면을 쓰게 되었대요.

가면을 쓰고 베네치아 카니발에 참여한 사람들과 다양한 가면.

### 다양한 가면

베네치아에서 가면을 만드는 사람들은 장인으로 인정받아요. 가면은 종이와 가죽, 도자기, 유리 등을 이용해서 일일이 손수 만들어요. 오늘날에는 석고로 만들어 금박이나 깃털로 장식하는 방식을 이용하기도 해요.

축제 때 사용하는 가면은 눈과 코, 턱 윗부분만 가리는 반쪽 가면, 새처럼 긴 부리를 가진 가면, 고양이 얼굴 형태의 가면, 검은색 벨벳 천으로 만든 가면 등 형태와 모양도 다양하답니다.

#### 가시와 함께 알아봐요!

**물의 도시 베네치아**

베네치아는 118개의 작은 섬으로 이루어진 도시예요. 섬과 섬은 수많은 수로와 다리로 연결되어 있지요. 도로가 없어 자동차도 다니지 않아요. 건물 사이로 이어진 수로에는 '곤돌라'라고 불리는 작은 배가 다녀 관광객들이 즐겨 탄답니다. 베네치아 시민들은 '바포레토'라는 수상 택시를 주요 교통수단으로 이용해요.

### 겨울을 대표하는 축제
# 삿포로 눈 축제

개최 지역: 일본 삿포로

개최 시기: 매년 2월

삿포로 눈 축제가 열리는 오도리 공원.

### 어떤 축제인가요?

삿포로 시내 곳곳에서 펼쳐지는 눈 축제예요. 축제 기간이 되면 삿포로 시내에 있는 오도리 공원에서는 세계 각국의 사람들이 참가하는 국제 눈 조각 경연 대회가 열려요. 눈과 얼음으로 만든 각양각색의 작품을 출품하는데, 각 나라를 대표하는 다양한 건축물은 물론이고, 호빵맨, 세균맨, 손오공 등 다양한 캐릭터 조각들도 만날 수 있지요. 삿포로 돔 경기장에는 다양한 형태의 눈썰매장, 스노 래프팅, 대나무 스키장 등이 마련되어 다양한 겨울 스포츠를 체험할 수 있어요.

### 언제부터 시작되었나요?

삿포로에 사는 학생들이 오도리 공원에 눈 조각 작품을 설치했어요. 사람들은 소년들의 재미있는 눈사람 조각을 보고 즐거워했지요. 이후 사람들의 큰 인기를 끌면서 지역을 대표하는 축제로 자리 잡았어요.

지역 축제가 세계 3대 동계 축제로 이름을 알릴 수 있었던 데에는 올림픽의 역할이 컸어요. 1972년, 삿포로에서 동계 올림픽이 열리면서, 세계 각국에 삿포로 눈 축제가 소개되었고, 그 이후부터 전 세계 사람들이 찾는 세계인의 축제로 발전했답니다.

**위** 삿포로 눈 축제에 전시된 대형 눈 조각.
**아래** 대형 눈 조각을 설치하는 모습.

### 가시와 함께 알아봐요!

#### 삿포로 눈 축제에 세종대왕이?

2002년 열린 53회 삿포로 눈 축제에는 4.5미터에 달하는 거대한 세종대왕 조각이 등장해 화제가 되었어요. 이는 한·일 월드컵을 앞두고 성공적인 개최를 기원하며 한국 정부가 공식 참여하면서 성사되었지요. 세종대왕상 옆에는 광화문도 함께 설치되었는데, 높이 15미터, 너비 25미터에 달하는 크기였어요. 이 조각 작품을 만드는 데 4,500명이 동원되었고, 5톤 트럭 686대에 달하는 눈이 사용되었다고 하니, 정말 어마어마하지요?

물을 뿌리며 새해 복을 비는 독특한 축제
# 송끄란

**개최 지역:** 태국 전역
**개최 시기:** 매년 4월 13일~15일

### 어떤 축제인가요?

새해 첫날을 축하하기 위해 열리는 축제예요. 송끄란을 시작하는 날, 공공장소, 사찰, 정부 건물 등은 청소를 하며 새해를 준비해요. 4월 14일은 국가가 지정한 가족의 날로, 가족들이 다 같이 불교 사원을 방문하는 것이 전통이지요. 이 밖에 새와 물고기를 방생하여 복을 빌기도 하고, 미스 송끄란 선발 대회를 열기도 해요.

이 축제의 가장 큰 행사는 바로 '물 뿌리기'예요. 어깨에 물을 조금 뿌려 주며 새해 복을 빌다, 온 사람들이 모여 물싸움을 벌이는 형태로 변했어

다양한 도구로 물싸움을 벌이는 사람들.

요. 물총, 호스, 양동이 등 다양한 도구를 가지고 오토바이나 차를 타고 다니면서 물을 끼얹기도 하지요.

치앙마이에서는 불상과 배 모형의 조형물과 함께 전통 의상을 입은 여성들이 행진하는 퍼레이드가 열리기도 해요.

송끄란을 즐기는 사람들.

### 언제부터 시작되었나요?

송끄란은 13세기경 치앙마이 지역에서 시작되었어요. 우리나라에 음력과 양력이 존재하듯, 태국에도 전통 달력이 있어요. 이에 따르면 송끄란 축제가 열리는 4월 13일이 새해예요. 이때는 태국의 우기가 시작되는 시기로, 본격적으로 농사를 시작하지요. 그래서 이날 큰 축제를 열고 한 해 동안 농사가 번창하길 비는 거예요. 1948년, 태국 정부는 송끄란이 열리는 4월 13일을 공휴일로 정했어요. 지역별로 축제 일정은 조금씩 다르답니다.

가시와 함께 알아봐요!

**불교의 나라, 태국**

태국은 종교의 자유를 인정하고 있으나, 국민 95% 이상이 불교 신자예요. 태국에서는 이른 새벽 주황빛의 법복을 걸친 승려들이 사원을 나와 행렬하고, 신도들이 공양하는 모습을 흔히 볼 수 있어요.

조상들의 지혜를 엿볼 수 있는 축제
# 아부심벨 페스티벌

**개최 지역:** 이집트 아부심벨

**개최 시기:** 매년 2월, 10월

람세스 2세 신전 정면 모습.

### 어떤 축제인가요?

일 년에 두 차례 람세스 2세의 신전 안쪽의 성소까지 태양빛이 비치는 현상을 기념하기 위한 축제예요.

태양이 떠오르기 전부터 신전 주위에서는 전통 음악이 울려 퍼지고 공연이 펼쳐지지요. 태양빛이 신전에 머무는 시간은 고작 20분 남짓이에요. 그 이후에는 주변에 모여 밤늦은 시간까지 공연을 즐기지요. 전통 음식과 특산품도 만날 수 있어요.

### 언제부터 시작되었을까요?

람세스 2세는 자신의 영향력을 과시하기 위해 이집트 곳곳에 기념물을 남겼어요. 그중 하나가 아부심벨에 세운 거대한 신전이에요. 이 신전은 동쪽을 향해 있는데, 일 년 중 이틀은 신전 안쪽 성소까지 태양빛이 비치도록 설계되었어요. 하루는 람세스 2세의 왕위 즉위 날이고, 또 하루는 람세스 2세의 생일이지요. 이는 태양의 움직임을 면밀하게 관측할 수 있을 정도로 당시 천문학과 건축 기술이 발전했기에 가능했어요. 1985년, 이집트 정부는 이 두 날을 축제로 발전시켜 지금에 이르렀답니다.

일 년에 두 번 빛이 들어오는 신전 내부 성소.

### 가시와 함께 알아봐요!

#### 수몰 위기를 겪은 신전

1960년대에 이집트는 나일강을 막는 아스완 하이 댐을 건설했어요. 이로 인해 아부심벨 신전이 수몰될 위기에 처했지요. 이에 유네스코는 수몰 유적 구제 캠페인을 벌였고, 전 세계 60여 개국의 도움으로 신전을 좀 더 높은 지대로 옮기는 작업을 진행했어요. 신전을 1만여 개의 블록으로 나눠 재배치하는 데에는 총 4년이 걸렸고, 4,000만 달러가 넘는 비용이 들었어요. 그러나 안타깝게도 완벽하게 복원되지 못해 내부 성소에 빛이 비치는 날짜가 고대에 비해 하루 늦춰졌답니다.

전통문화를 알리고 화합을 다지는 축제
# 알로하 페스티벌

개최 지역: 미국 하와이주

개최 시기: 매년 9월

전통 의상을 입고 꽃마차 퍼레이드에 참여한 사람.

## 어떤 축제인가요?

하와이의 오아후섬을 중심으로 개최되는 축제예요. 하와이 전통 의상을 갖춰 입은 왕실 가족이 새로운 가족에게 권력을 넘겨주는 것을 재현하는 대관식으로 축제의 막이 올라요. 왕실 가족은 해마다 하와이 원주민 출신 지원자 가운데서 선발하지요.

이 밖에도 전통 악기를 연주하고 훌라 춤을 추며 공연을 하고, 전통 음식 시식회, 공예품 전시 등 다양한 볼거리가 펼쳐져요.

축제의 하이라이트는 꽃차 행렬이에요. 이 행사는 축제의 마지막 토요일에 4시간여에 걸쳐 열리는데, 꽃으로 뒤덮인 대형 꽃차 40여 대가 거리를 행진하는 모습이 장관이에요.

### 언제부터 시작되었을까요?

1946년에 하와이의 전통문화를 널리 알리기 위해 시작한 '알로하 위크' 행사가 1991년부터 알로하 페스티벌로 확대되었어요. 하와이를 대표하는 6개의 섬에서 300여 개가 넘는 행사가 진행되었지요.

최근에는 인구 대부분이 거주하는 오아후섬을 중심으로 축제가 펼쳐져요. 하와이의 전통을 알리기 위해 시작된 축제이니만큼, 매년 전통문화에 기반한 주제를 정하여 축제를 연답니다.

 가시와 함께 알아봐요!

#### 하와이를 상징하는 말, 알로하

'알로하(Aloha)'는 사랑, 연민, 평화 등을 의미하는 하와이어예요. 인사말로 쓰이기도 하지요. 또 하와이인들을 '알로하 정신'을 지녔다고 표현해요. 이는 친근하고 나눔과 배려의 마음을 가진 하와이인들의 삶의 태도를 드러내는 말이랍니다.

세계 최대의 맥주 축제
# 옥토버페스트

개최 지역: 독일 뮌헨
개최 시기: 매년 9월~10월

### 어떤 축제인가요?

매년 가을 독일 뮌헨 지역에서 열리는 맥주 축제예요. 세계에서 가장 규모가 큰 축제 중 하나지요. 축제는 민속 의상을 차려입은 시민들과 마차의 행진으로 시작돼요. 축제 첫날 정오가 되면 시장이 맥주 통을 열어요. 이를 시작으로 1만여 명이 들어갈 수 있는 천막에서 맥주를 판매하지요. 이곳에서 파는 맥주는 뮌헨시가 선정한 6대 맥주 회사가 만들어요. 이 회사들은 최소 400~700년에 가까운 역사를 지니고 있지요. 축제 동안 무려 700만 잔에 달하는 맥주가 팔려 나간다니, 정말 놀랍지요?

옥토버페스트 현장 모습.

이외에도 놀이 기구가 설치되고, 음악회, 영화 상영회 등 다양한 볼거리가 열린답니다.

### 언제부터 시작되었나요?

1810년 10월 12일, 바이에른 왕국의 황태자와 작센의 공주가 뮌헨에서 결혼식을 치렀어요. 이후 결혼식을 축하하는 잔치가 해마다 열렸고, 옥토버페스트로 자리 잡았어요. 1만 명 이상이 함께 할 수 있는 맥주 천막, 1리터짜리 맥주잔은 축제가 거듭되며 생겨난 문화이지요. 2005년부터 주최 측은 '조용한 옥토버페스트'를 표방하며 남녀노소 모두 즐길 수 있는 축제를 만들기 위해 노력하고 있어요.

축제를 알리는 행진 모습.

#### 과학과 함께 발전한 맥주

맥주는 인류가 보리와 밀을 경작하기 시작한 시기부터 존재했다고 해요. 그러다 19세기에 과학 기술이 좋아지면서 더욱 발전하게 되었어요. 프랑스의 화학자 루이 파스퇴르의 박테리아 발효 연구 덕분에 맥주를 더 오래 보관하게 되었고, 독일의 공학자 카를 폰 린데가 개발한 냉장 기술로 인해 맥주의 맛을 오랫동안 유지할 수 있게 되었답니다.

눈의 천국
# 퀘벡 윈터 카니발

**개최 지역:** 캐나다 퀘벡
**개최 시기:** 매년 1월 말~2월 중순

### 어떤 축제인가요?

미국과 캐나다를 가로지르는 거대한 세인트로렌스강에서는 얼음 카누 경기가 치러져요. 개썰매, 눈썰매, 얼음 미끄럼틀 등 눈에서 할 수 있는 다양한 놀이도 즐길 수 있어요. '스노 배스'은 이 축제에서만 볼 수 있는 특별한 놀이예요. 수영복을

얼음 카누 경기.

걸친 사람들이 새하얀 눈밭 위를 마음껏 뒹구는 모습이 이색적이지요. 단, 이 행사에는 미리 신체검사에 통과한 사람만 참여할 수 있어요. 퀘벡 주 의사당 광장에는 윈터 카니발의 마스코트인 보놈의 얼음 궁전이 세워지고, 그 주위로 눈 조각 대회에 출품된 작품들이 전시돼요. 축제 마지막 날에는 거리 퍼레이드가 펼쳐져요. 조명으로 장식한 마차와 분장한 사람들이 퍼레이드에 참여한답니다.

### 언제부터 시작되었나요?

1894년, 퀘벡 주민들은 어려운 경제 사정을 극복하고, 추위를 이겨내자는 의미에서 축제를 열기로 했어요. 하지만 세계 대전과 경제 대공황이 이어지면서 축제는 크게 발전하지 못했어요. 그러다 1954년, 제2차 세계

대전 이후 퀘벡의 경제를 되살리려는 사람들이 다시 축제를 기획했어요. 붉은 모자를 쓰고, 화살촉 모양의 자수를 놓은 허리띠를 맨 눈사람 캐릭터, '보놈'을 만들어 마스코트로 삼고, 지역에 전해 내려오는 전통 행사를 접목하여 많은 이들이 즐길 수 있는 축제를 만들었지요. 현재는 캐나다를 대표하는 대규모 축제로 자리 잡았답니다.

윈터 카니발의 마스코트 '보놈'.

### 북아메리카에 위치한 작은 프랑스 퀘벡

퀘벡은 프랑스의 탐험가 샹플랭이 개척한 도시예요. 16세기 무렵, 프랑스 사람들이 이곳에 정착하기 시작했어요. 그러다 영국과 프랑스는 퀘벡의 지배권을 두고 치열한 다툼을 벌였어요. 이 싸움에서 영국이 이기면서 영국이 지배권을 가졌다가, 캐나다가 독립하면서 캐나다 땅이 되었지요. 이러한 역사 때문에 퀘벡에는 도시 곳곳에 프랑스어로 된 표지판이나 상점 간판들이 남아 있답니다.

죽은 자들을 반갑게 맞이하는 축제
# 죽은 자들의 날

**개최 지역:** 멕시코 전역
**개최 시기:** 매년 10월 말~11월 초

### 어떤 축제인가요?

공원이나 가정에 제단을 차리고 죽은 이들을 기리는 기념일이에요. 멕시코 사람들은 1년에 한 번, 죽은 사람들이 가족과 친구를 만나러 온다고 생각했대요. 그래서 이들을 위한 제단을 마련하고, 11월 1일에는 죽은 아이들을, 11월 2일에는 죽은 어른들을 위해 기도해요.

멕시코 사람들은 이 시기가 되면 집을 깨끗하게 치우고 제단을 마련하거나 동네에 있는 공동묘지를 찾아 제단을 장식해요. 제단에는 종이나 설탕으로 만든 해골 모형을 올려놓고 꽃으로 장식하지요. 이날이 되면 사

제단에 올리는 설탕 해골.

람들은 해골 가면 '칼라카'를 쓰거나 해골 분장을 하고 거리를 행진해요. 설탕으로 만든 해골이나 노란 빵을 가족끼리 나눠 먹기도 해요. 죽은 자들의 날은 2008년 유네스코세계인류무형문화유산에 등재되었어요.

죽은 자들의 날을 맞아 화려하게 꾸며진 묘지.

### 언제부터 시작되었을까요?

고대에 멕시코 지역에는 아스테카 왕국이 자리하고 있었어요. 이들은 사람이 죽으면 삶이 끝나는 것이 아니라 그들만의 세계에서 편안하게 살게 된다고 믿었죠. 그리고 1년에 한 번, 이승에 방문한다고 생각해 음식을 풍성하게 차리고 그들을 반겼어요. 이 의식이 죽은 자들의 날로 이어진 거예요. 멕시코 사람들은 죽은 사람들이 이승에 오면 처음에는 무덤에 들르고 그다음에 집으로 온다고 믿어요. 그래서 죽은 자를 집으로 이끌어 준다는 마리골드로 길을 꾸미고 제단을 장식해요.

#### 가시와 함께 알아봐요!

**지역마다 다른 축제 모습**

죽은 자들의 날은 지역마다 조금씩 그 풍경이 달라요. 멕시코 남부 오악사카 지역에서는 이날에 간이 시장이 문을 열어요. 또 밤을 지새우면서 다양한 행사가 열리지요. 고대 마야인들의 땅이던 유카탄 지역에는 납골당에 모셔 둔 유골을 꺼내 닦는 전통이 있어요. 이 시간을 통해 죽은 이를 되새기는 것이지요.

열정 가득한 축제
# 토마토 축제

**개최 지역:** 스페인 발렌시아 부뇰
**개최 시기:** 매년 8월 마지막 주

### 어떤 축제인가요?

지역 특산물인 토마토를 활용한 다양한 행사가 벌어지는 축제예요. 축제가 시작되면 파에야, 가스파초 등 지역을 대표하는 음식 잔치가 벌어져요. 축제를 대표하는 행사는 토마토 던지기예요. 토마토 던지기를 시작하기 전, 광장 중앙에 장대를 설치하고 기름을 바른 하몽(전통 햄)을 매달아 둬요. 광장에 모인 사람들은 하몽을 따기 위해 장대에 오르지요. 누군가 하몽을 손에 넣으면 광장에는 대포 소리가 울려 퍼져요. 이 소리를 시작으로 광장에 대기하던 트럭에서 토마토가 쏟아지지요. 정해진 시간 동안 신나게 토마토를 던지고 나면 다시 한번 대포 소리가 들리는데, 그 이후에는 토마토를 던질 수 없어요.

채소, 해산물을 곁들인 쌀 요리 파에야.

### 언제부터 시작되었나요?

토마토 축제가 어떻게 시작되었는지 정확히 알려지지는 않았어요. 하지만 농부들이 토마토값을 인상하라고 집에서 들고나온 토마토를 던지며 시위하던 것에서 유래되었다는 이야기가 전해지고 있어요. 1957년, 부뇰 시의회는 토마토 축제를 공식 축제로 승인하고 안전 수칙과 규칙을 정했

토마토 축제에 참여한 사람들.

어요. 사람들이 많이 모이고 과격해질 수 있는 축제이니만큼 안전 수칙을 지키는 게 중요하지요.

가시와 함께 알아봐요!

**토마토 축제에서 꼭 지켜야 하는 안전 수칙**
- 잘 익은 토마토라도 손으로 꽉 쥐어 으깬 뒤에 던진다.
- 고글, 장갑, 신발을 착용한다.
- 유리병 등을 소지하지 않는다.
- 다른 사람의 옷을 잡아당기거나 찢지 않는다.
- 토마토를 실은 트럭과 축제가 끝난 뒤 길을 청소하는 소방차에 길을 잘 내준다.

## 봄을 축하하는 성대한 축제
# 홀리

**개최 지역:** 인도 전역
**개최 시기:** 매년 2월~3월

### 어떤 축제인가요?

인도 전역에서 열리는 성대한 힌두교 축제로, 봄이 왔음을 축하하는 의미를 담고 있어요. 지역마다 조금씩 다르지만, 홀리 당일에 사람들이 거리로 나와 '홀리'라고 외치며 서로에게 형형색색의 가루나 물감을 뿌리는 행사가 공통으로 열려요. 또 축제 전날 밤에는 온 동네 사람들이 모여 나뭇단을 높게 쌓고 그 위에 짚으로 만든 '홀리카'를 태우며 나쁜 기운을 몰아내요. 불길이 높게 솟아오르면 춤을 추고 노래를 부르지요.

인도는 카스트 제도가 뿌리 깊지만, 홀리에서만큼은 신분과 성별에서 벗

색 가루를 뿌리며 홀리 축제를 즐기는 모습.

어나 모두가 어울릴 수 있답니다.

### 언제부터 시작되었을까요?

홀리가 언제부터 시작되었는지 정확히 알려지지 않았어요. 신화와 전설로 홀리 축제의 유래와 시기를 짐작할 뿐이지요. 그중 하나는 홀리카 이야기예요. 죽지 않는 능력을 지닌 왕이 자신을 따르지 않는 왕자를 죽이려고 했어요. 그러나 왕자는 번번이 위기를 피했지요. 화가 난 왕은 자신의 누이 홀리카에게 왕자를 안고 불에 뛰어들라고 명했어요. 홀리카는 불에 타지

홀리카 의식.

않는 마녀였거든요. 그러나 어찌 된 일인지 왕자는 살아남고 홀리카는 불에 타 재로 변했어요. 오늘날 홀리카를 태우는 의식이 이 신화에서 비롯되었다고 여겨요.

### 가시와 함께 알아봐요!

#### 인도를 대표하는 힌두교 축제들

인도에는 힌두교 3대 축제가 있어요. 홀리, 두세라, 디왈리지요. 두세라는 라마 신이 악마를 물리치고 승리를 거둔 것을 기념하는 축제예요. 이 축제 때에는 '야즈냐'라고 불리는 제사가 인도 전역에서 열려요. 디왈리는 집과 사원에 등불을 밝히고 신들에게 감사 기도를 올리는 축제예요. 많은 힌두교도가 거주하는 네팔, 스리랑카, 미얀마 등의 인접 국가에서도 이 축제가 열리지요.

## 작가의 말

　내가 어렸을 때 우리 동네에는 특별한 잔치가 있었어요. 그 당시에는 무서운 전염병으로 목숨을 잃는 아이들이 많았었는데요. 동네의 모든 아이들이 병에 걸린 적도 있었어요. 무섭고 혹독한 전염병이 지나가고 나면 그걸 이겨 낸 아이들을 위한 잔치를 열었어요. 떡도 하고 돼지도 잡았어요. 나는 우리나라의 모든 마을이 그런 잔치를 하는 줄 알았어요. 그런데 나중에 알고 보니 우리 마을에만 있는 잔치였어요.

　마을마다 도시마다 그리고 나라마다 각각의 잔치와 축제가 있어요. 대표적인 것으로 우리나라에는 4대 명절이 있고 지역마다 특색 있는 축제가 있지요.

　언젠가 이탈리아 베네치아를 다녀온 적이 있었는데 마침 축제 기간이었어요. 거리에서 가면을 쓰고 춤을 추며 축제를 즐기는 사람들을 보며 즐겁고 재미있다고만 생각했었어요. 하지만 나중에 알고 보니 축제에는 다 뜻이 있었어요.

베네치아에 다녀온 후, 지구상에 있는 여러 나라에 어떤 축제가 있는지 궁금했어요. 이 책은 그런 궁금증에서 태어났어요.

축제에는 그 나라 사람들의 생각과 풍습과 그리고 문화가 들어 있어요. 재미있게 축제 이야기를 읽고 나면 여러분은 그 나라에 가서 그 나라 사람들을 만나고 온 듯한 기분이 들 거예요.

동화작가 박현숙